RENACE DE TUS CENIZAS

AUREA PREISSER

RENACE DE TUS CENIZAS

Título: Renace de tus cenizas.
Autor: Aurea Preisser.
D.R.: Aurea Luz Guadalupe Preisser Gómez, 2016.

Esta edición:
D.R.: 12 Editorial, A.C., 2017.
Mitla # 54 - 304.
Col. Independencia.
CP 03630 México, D.F.
www.12editorial.com.mx

ISBN: 978-607-706-101-4
Primera edición: febrero 2017.

PARA TI, MI MAMÁ INÉS

"No tienes que salir en televisión, entrenar en un equipo de la NBA o dedicarte a un deporte profesional para ser un profesional en toda la regla. En cada hogar, negocio, barrio o familia hay auténticos triunfadores."

Michael Jordan.

Contenido

Introducción....................................11

Éxito....................................15

Los sentimientos....................................23

La magia....................................31

Encuentra tu *swing*....................................37

Malas costumbres....................................41

Actitudes positivas y valores....................................49

Sueños....................................61

Rodéate de líderes 69

Estrategia....................................75

Frases de aliento....................................85

Últimas recomendaciones....................................97

Introducción

Tal vez pienses que éste es por fin el libro que te llevará al éxito... Tal vez sí, tal vez no.

Tal vez pienses: *"un libro más de superación que dice tener la clave para el éxito... ¡sólo espero que esta vez sea así!"*; y te digo, tal vez lo sea... tal vez no.

Lo cierto es que no hay nada que yo pueda decirte o "enseñarte" que no sepas ya. La cuestión es que el problema radica en algo que está muy dentro de ti y que, por X o Y razón, no ha podido salir a la luz, llevándote a subsistir de la manera en que hasta ahora lo haces.

Primero que nada empezaré por decirte: pide un deseo y guárdalo en tu corazón... lo que tú quieras... todo lo que quieras... ¿Ya lo tienes?, bien; ahora cree que puede hacerse realidad, porque nunca se sabe de dónde va a venir el próximo milagro que estás buscando, y puede estar a la vuelta de la esquina, así que abre tu corazón y tu mente a la certeza de que se hará realidad y que tendrás lo que deseas. El mundo está lleno de magia, ¡sólo tienes que creer en ella! Por ello ahora te vuelvo a pedir que formules un deseo. ¿Lo tienes? Perfecto, ahora ¡cree en él con todo tu corazón!; ¿ok?

Te preguntarás por qué te digo esto antes de entrar en el tema, y la respuesta es muy sencilla: es porque es cierto. El mundo está lleno de magia, sólo que lo olvidamos al llegar aquí, y por consiguiente el resultado es que la mayoría de nosotros no vive de la forma que realmente quiere, sino que subsiste en la corriente de esto que se llama vida y que nos agobia; el día a día a lo largo de los años de nuestras vidas.

No te equivoques, yo no soy ningún experto gurú, ser espiritual ni elevado, ni maestro Feng Shui con todas esas cosas que leemos en los libros de las personas a las que se les reconoce como los "expertos" en el tema. Sólo soy alguien que quiso plasmar en papel lo que ha ido aprendiendo a lo largo de los últimos años y que quiere compartirlo contigo como amigos, como alguien que realmente pretende tenderte la mano para que puedas ser ese ser que tú realmente quieres ser; la mejor versión de ti. Porque créeme que hasta los seres más elevados que han pisado este planeta tuvieron las mismas dudas que tú tienes ahora, y se hicieron las mismas preguntas que tú te haces e incluso se cuestionaron si podrían llegar a donde querían, ¿y qué crees?, lo lograron porque recordaron que la magia está ahí, así que la utilizaron a su favor, y es por eso que tú también puedes lograrlo.

Así que una vez dicho todo lo anterior, iniciemos este recorrido sobre lo que ya sabemos pero que de una u otra forma, por más que nos lo han dicho, no lo hemos podido entender. Tal vez, sólo tal vez, ésta sea la lección que te hace falta para entender qué es lo que realmente tienes que hacer para lograr lo que quieres lograr, ser lo que quieres ser y que naciste para ser.

Ahora de nuevo, ¿ya formulaste tu deseo? Bien, recuerda que tienes que creer en él con todo el corazón, y comencemos...

Éxito

¿Qué es lo primero que te viene a la mente, cuando piensas o escuchas la palabra "éxito"? ¿Personas ganadoras?, ¿gente con mucho dinero, con grandes mansiones, yates, autos lujosos y deportivos, con las mejores ropas, zapatos, lo último en tecnología, etc.? Pero lo principal es que todo el tiempo están sonriendo, viéndose felices, ¿o no?

Bueno, ahora vayamos a lo que dice la definición:

"Éxito: *masculino. Fin o término de un asunto. Resultado feliz de un negocio, actuación, etc...*"

Bueno, eso es lo que dice el diccionario, y significa que, si ser exitoso es el "resultado feliz de cualquier cosa", entonces no hay gran cosa que buscar, porque en más de una ocasión en nuestras vidas hemos sido felices; entonces, ¿por qué es que no nos sentimos exitosos? ¡Fácil! Porque la sociedad nos ha hecho creer que para ser exitoso hay que tener un montón de cosas materiales y de la mejor calidad. Pues métetelo bien en la cabeza, ¡eso es un ERROR!

Éxito es la suma de todas las cosas que tuviste que hacer para lograr algo que te hizo FELIZ. Eso es ser EXITOSO. Lo que quiere decir que tú ya lo eres. Piensa por un momento en todas las cosas por las que tuviste que esforzarte, poner tu atención, tu constancia, y los sacrificios que tuviste que hacer para lograrlas. Pasar de año en la escuela, terminar tu carrera, conquistar a la chica o chico que te gustaba, etc. Tal vez pienses: "¡ah, ahora quiere minimizar lo que es éxito para hacerme sentir grande!" No, no es así; lo que pretendo es que lo entiendas, ya que una vez que lo hagas no lo olvidarás y entonces verás que lo que te digo es verdad.

"¡Ah sí, claro!", estarás diciéndote, "si ya soy exitoso, ¿entonces por qué no soy feliz y no me siento exitoso?" Muy fácil, porque la sociedad desde tiempos inmemorables lo ha dictado así para distinguir niveles, y que sean pocos los que lleguen a ese "club" selecto, además de que ahora también ésa es la base fundamental del consumismo y pretenden llenarte de una falsa felicidad, o felicidad momentánea, y que así sigas sintiéndote incompleto por no poseerlo todo de lo último en la moda.

Ahora bien, una cosa es "ser exitoso" y otra muy diferente "cómo lograr ser exitoso", ya que el éxito, como la felicidad, es relativo para cada persona. Bien lo dice el dicho: "cada quién opina de acuerdo como le va en la feria"; así que para mí realmente ser exitoso es lograr cualquier objetivo que tú te propongas, por muy grande o por muy pequeño que sea, porque al final, hacerlo te hará feliz, y si te hace feliz serás exitoso y por consiguiente sentirás que puedes lograr lo que sea. Sólo es cuestión de no dejar ir ese sentimiento.

El éxito, como la felicidad, es diferente para cada persona, como ya lo sabemos; es por eso que no puedes basar ni tu felicidad ni tu éxito en la manera en que los ven los demás, ya que al hacerlo estás aceptando que tu éxito o tu felicidad dependen única y exclusivamente de la aceptación de los demás, y ¡eso es un ERROR!

Pongamos un ejemplo: trabajas para una empresa en el puesto que tú quieras. Al final de cada año, en la fiesta de Navidad, la compañía reconoce a todos los empleados que a lo largo del año pusieron el plus para lograr los objetivos de la empresa, dándoles una placa, o lo que sea, como reconocimiento. Resulta que ese año tú conseguiste un ascenso y por consiguiente trabajaste como nunca antes, y diste todo lo que tenías y hasta más. En la fiesta estabas seguro de tener tu reconocimiento, ¿pero qué crees?, ¡no te lo dieron!, y eso te hace sentir mal, ¿qué no?

Cualquier persona que esté leyendo esto, que lo haya escuchado o incluso vivido, pensará que eso es un fracaso, ¿o no? Claro, todos queremos los reconocimientos del mundo entero, que nos hacen sentir felices, pero si sabes que tú diste todo y más, al final, cuando dejes la empresa, entenderás que lo mejor que te pudo haber pasado fue irte de ese lugar que te estaba haciendo sentir fracasado, agobiado y estresado, y que te estaba robando el ÉXITO que tú te habías ganado aunque ellos no quisieran reconocértelo o siquiera creer que te lo merecías.

Siempre es difícil aceptar una pérdida, lo sé. Perder un trabajo, una pareja, una amistad, qué sé yo. Pero como te dije antes, perder un trabajo donde el objetivo de la empresa era hacerte sentir que sólo cuentan, o cuentan más, los pocos errores que hayas cometido, y que los aciertos no valen ni sirven para nada, ¿es eso un fracaso? Perder una pareja que te está succionando la vida con abuso psicológico o físico, ¿es un fracaso? Perder una amistad que sólo te busca cuando necesita algo de ti y que te da la espalda cuando tú más necesitas de él o ella, ¿es un fracaso? Para mí mantener ese tipo de relaciones en tu vida es ser una persona a la que no le interesa ser feliz y por consiguiente no merece ser exitosa. Entiéndase bien, no estoy diciendo que sea una fracasada, porque igual hay gente que es feliz siendo pisoteada por los demás y que sólo vive para ello. Recuerda que "hay de todo en la viña del Señor".

La palabra fracaso, como tal, para mí es el resultado negativo de todo lo que pensamos que pasará con tal o cual cosa que hagamos, pero más que nada es el miedo de no lograr lo que deseamos. Michael Jordan bien lo dijo: "puedo aceptar el fracaso pues todos fallamos en algo, lo que no puedo aceptar es no intentarlo".

Así que, como ves, todo lo que hagas con tu mayor esfuerzo será un ÉXITO, ya que puedes estar pensando en dedicarte a una u otra cosa. Si fracasas en algo es muy probable que triunfes en otra cosa, por lo que hay veces que necesitas fallar, fallar y fallar para convertirte en una persona exitosa. Si no me crees, ¡pregúntale a Michael!

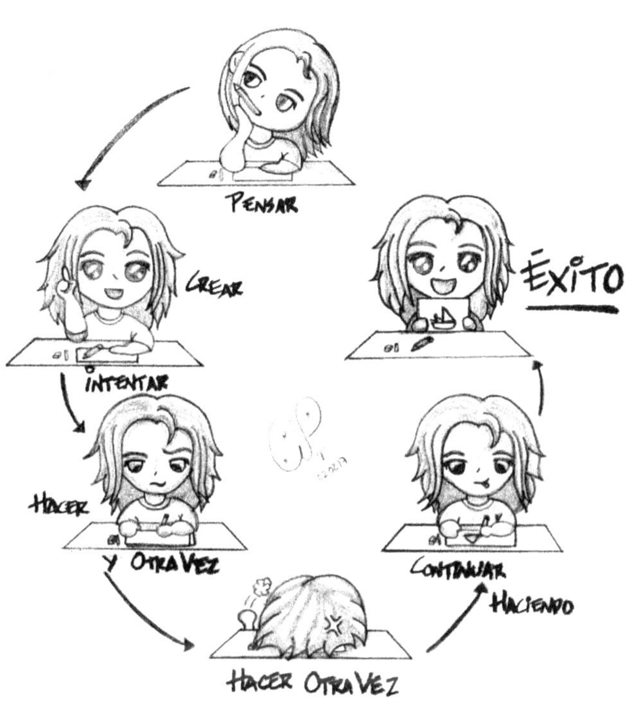
PENSAR
CREAR
ÉXITO
INTENTAR
HACER
Y OTRA VEZ
CONTINUAR
HACIENDO
HACER OTRA VEZ

Los sentimientos

Los sentimientos son la más hermosa herramienta que tenemos para medir nuestro nivel de felicidad o de miseria. Ellos nos ayudan a continuar y a corregir el camino para lograr que nuestros objetivos se cumplan.

Algunos dicen que sólo hay un sentimiento, y que ése es el amor; y que el resto sólo son la falta de amor en diferentes medidas. No obstante, para facilitarnos las cosas los "catalogamos" con distintas etiquetas para diferenciarlos, como son la felicidad, la alegría, la vergüenza, la confusión, la tristeza, etc.; pero dentro de estas mismas categorías, para mí hay unos que son los más significativos y que es importante hablar de ellos por encima de los otros.

Creo que sería bueno empezar por los sentimientos negativos y continuar después con los positivos, así que veamos...

Odio

Es uno de los más fuertes sentimientos, ya que el odio a alguien o a algo puede motivarte a hacer cosas que te lleven a un resultado positivo. Aunque no lo parezca así y sea difícil aceptarlo, esto es verdad. ¿Recuerdas la película *Troya*? Cuando Aquiles enfrenta a Héctor está lleno de odio porque Héctor mató a su amado primo. En la escena se ve claramente cómo utiliza este sentimiento para lograr el objetivo de matar al asesino de Patroclo. No digo que esté bien la acción de venganza, pero puedes usar la fuerza que te da el odio para conseguir tu objetivo final.

A otras personas les nubla la mente, las ciega, y en lugar de conseguir lo que quieren terminan por obtener todo lo contrario a lo que esperaban, que es lo que pasa la gran mayoría de las veces.

Miedo

El miedo puede ser un arma muy poderosa para cualquier persona, tal como el amor. ¿Por qué? Para muchos puede ser la bujía que active su chispa divina, ya que si alguna vez por miedo no lograron algo, o incluso perdieron algo que para ellos era muy importante, y esto los hizo sentir fracasados o infelices, la próxima vez que tengan ese sentimiento harán cualquier cosa para no volver a sentirse como lo hicieron en el momento en que fallaron.

Para otros es la "zona de confort", ya que al sentir miedo de no lograr algo que además los hará sentirse infelices o fracasados, o como quieran decirle, prefieren abrazar este sentimiento para tener la excusa perfecta del porqué no lograron el éxito, aunque al mismo tiempo eso los haga sentirse insatisfechos de su vida. Aun así, para ellos no hay nada mejor que la "zona de confort".

A otros tantos los paraliza, y al igual que los anteriores, prefieren quedarse con el sentimiento del "hubiera", y es por eso que tampoco pueden ser felices y se sienten desdichados, incompletos e insatisfechos.

Pasión

La pasión, al igual que el miedo, es un arma muy poderosa, ya que cuando sientes su chispa puede moverte hacer las cosas con tanto ahínco que te llenan y te hacen sentir tan feliz que a la larga el éxito se dará muy fácilmente, e incluso muy pronto. Es por ello que cuando la sientes, cuando la experimentas por algo, debes aprovecharla al máximo, porque las pasiones en algún momento se apagan y es muy difícil que vuelvan si no las alimentas. Es por esto que para muchos la pasión puede ser no tan buena, ya que cuando se apaga y no vuelve los deja con un sentimiento de vacío y de infelicidad al mismo tiempo.

Amor

Es el arma más poderosa que el ser humano tiene. Todos hemos hecho algo con amor en algún momento de nuestras vidas, y sin importar qué sea lo que hayamos hecho, el resultado siempre ha sido positivo y nos ha llenado de felicidad, y por consiguiente nos ha hecho sentir exitosos. No obstante, también puede ser el arma más peligrosa, ya que cuando hacemos las cosas por amor podemos cegarnos e incluso llegar a causar daño.

La mayoría de los hombres piensan que el amor ciega y no te deja actuar… hasta que se dan cuenta de lo equivocados que estaban.

Intuición

La intuición como tal no es un sentimiento, pero de igual forma es una herramienta muy útil; es como un medidor del estado de ánimo, ya que cuando pensamos en algo o queremos hacerlo, ésta nos avisa si nos hará sentir bien o mal, aunque a veces puede estar influenciada por nuestros prejuicios o miedos. Sin embargo, si aprendemos a escucharla puede ayudarnos más de lo que creemos o estamos dispuestos a aceptar.

Una vez alguien me dijo: "el corazón y algo más al sur en ti, siempre te avisan" y la verdad es que yo sé que sí. Creo que todos los sentimientos, buenos o malos, pueden ser de provecho si logras aprender a utilizarlos a tu favor y no dejas que ellos actúen en tu contra.

Ahora, no me malentiendas; no quiero decir con esto que hagas las cosas con odio o con miedo, sino que aproveches lo bueno que te puede dejar el tener estos sentimientos. Por ejemplo, cuando te caes o fracasas y sientes odio por haber fallado, aprovecha el odio para levantarte y continuar, pero nada más; o el miedo, para escapar de alguna circunstancia que pueda causarte daño, evitando que él te paralice sino que en cambio sea el motor que te dé la fuerza para salvarte e incluso para ayudar a alguien más.

Hay muchas películas en las que en momentos claves los personajes hacen frente o aprovechan ese sentimiento para lograr el objetivo, así que es bien sabido que son como tu energía o una batería que te hará continuar a pesar de que la mayoría de los hombres, y léase bien, "mayoría", digan que los sentimientos sólo estorban y debemos suprimirlos. Sin embargo, entiéndase bien; una cosa es controlarlos y otra muy diferente suprimirlos, pero como diría Toño Esquinca: "no me creas, ya que es el efecto del yogurt pasado que me comí en la mañana".

La magia

Aunque no lo creas, la magia existe, y no me refiero a la magia de Harry Potter o de David

Copperfield, sino a la magia que crea uno desde su interior.

Alguna vez habrás visto u oído algo acerca de *El secreto* o de la *Ley de la atracción*, pues ésa es la magia que hay dentro de cada uno de nosotros, la cuestión es que la mayor parte del tiempo la olvidamos y apenas la aprovechamos unas cuantas veces en la vida.

Me gusta llamarla magia porque a veces eso es lo que parece, y más cuando viene sinceramente desde tu interior, sea que lo quieras o no.

Como vimos unas páginas atrás, los sentimientos son tu batería, tu chispa divina, y son los promotores de que la magia suceda en tu vida. Piénsalo unos momentos...

Es bien sabido que hay veces en que pensamos en alguien a quien apreciamos mucho, o incluso en alguien que no queremos volver a ver, y en ese preciso momento el sentimiento que tenemos hacia aquella persona es sincero, y como por arte de magia... ¡tará!, se aparece frente a nosotros de alguna forma, ya sea porque alguien te habló de él o ella te llamó o lo viste a lo lejos entre la gente por las calles en las que andabas… He ahí el porqué de las expresiones: "hablando del diablo", "no te vas a morir pronto", o "justo estaba hablando o pensando en ti".

Pero, así como este ejemplo tan común hay muchos otros con los que nos podemos identificar, ya que a todos nos ha sucedido por lo menos una vez; sólo que hay gente a la que le pasa más seguido que a otros. Recuerdo que alguna vez le dije a un proveedor: "ya no voy a pensar tan fuerte en usted, porque siempre que lo hago me habla para cobrarme", y no era que yo le debiera dinero, sino la empresa, pero parte de mi trabajo era llevar las cuentas por pagar.

También hay otro caso con el que puedes identificarte, y es que cuando no quieres llegar tarde y sinceramente te la pasas pensando en eso, ¡pum!, aunque no quieras, incluso llegas más tarde de lo que habrías llegado, y sólo por estar pensado en ello. Un excompañero mensajero llegaba tarde todos los días y siempre me decía: "en serio, hoy hasta salí 20 minutos antes y ve, llegué 15 minutos después de lo normal", a lo que le respondí: "¡eso es porque te la pasas pensando que vas a llegar tarde, así que por qué mejor no piensas mañana que vas a llegar a tiempo y vemos qué pasa!" Al día siguiente llegó entre 10 y 5 minutos antes de la hora de entrada al trabajo, y con una gran sonrisa, al verme lo primero que dijo fue: "de verdad que eso de pensar en llegar a tiempo sí funciona, ya que hoy sí salí tarde de mi casa y recordé lo que me dijiste y ve, hasta llegué antes". "Ya ves, te lo dije". Yo misma muchas veces he aplicado ese pensamiento; pero eso sí, siempre debe ser sincero o no atraerás la magia o, en el peor de los casos, todo lo contrario a lo que deseas.

Así como estos sencillos ejemplos hay muchos más, y podríamos llenar un libro con todos ellos, pero lo importante es que sepas que la magia está ahí para ti y que puede obrar tanto a tu favor como en tu contra; es por eso que debes aprender a usarla en tu favor para cumplir tus deseos, y aunque en algunas ocasiones falles, esto no querrá decir que debas renunciar al primer resultado negativo o cuando las cosas no hayan salido como lo deseabas. No lo olvides: "el que persevera, alcanza".

Encuentra tu *swing*

Esta frase es una referencia de la película *La leyenda de Bagger Vance*, que habla sobre el don o talento que tenemos cada uno de nosotros. Aunque en realidad ellos se refieren al *swing* que tiene un jugador de golf, si pones atención están hablando del o los talentos que puede uno tener, y de que es tu deber aprovecharlos ya que es eso lo que te da la posibilidad de ser quien realmente quieres ser, y de esa forma te será más fácil levantarte y sobreponerte a la adversidad.

Hacen también referencia al "campo" y el mejor "juego" del mundo, e igualmente analizándolo, el campo es donde estamos y el juego es la vida, que es un juego que no podemos ganar, sólo jugar. Es por eso que no importa cuántas veces caigas, lo importante es levantarte y seguir adelante sin importar quién te vio o no.

¿Dónde podemos encontrar nuestro *swing*, si es que lo hemos perdido? Hay veces que está enterrado, pero siempre, siempre permanecerá dentro de nosotros. La cuestión es identificarlo, y aunque esto parezca lo más difícil del mundo, es de lo más sencillo, y créeme que lo sabrás en el momento en que lo encuentres, ya que te sentirás completo y la felicidad te invadirá totalmente, incluso sentirás cómo se te enchina la piel y así es como lo identificarás. Sólo no te desesperes si no lo encuentras al primer intento, ya que puede ser incluso que hayas olvidado cómo era; es por eso que tendrás que esforzarte un poco más en hallarlo en todo lo que fue y en todo lo que es.

En muchas ocasiones la vida, las circunstancias y las obligaciones nos roban en algún momento nuestro *swing* porque así lo permitimos, pero en otras tal vez ni siquiera lo hemos conocido. Es por eso que te digo que una de las cosas que debemos hacer es encontrar nuestro auténtico *swing*, ya que una vez que lo hayamos hecho y además le dediquemos toda nuestra atención, las cosas se darán tan fluidamente que ni si-quiera parecerá que nos esforzamos, aunque en realidad sí lo hagamos; será una experiencia tan increíble que la felicidad que te traerá se-guirá alimentando tu vida y tus experiencias.

Tal vez no creas lo que te digo pero, ¿por qué crees que dicen "él hace que lo difícil se vea fácil, y lo fácil se vea aún más fácil?" Y esta-mos hablando de cualquier cosa; deporte, mú-sica, trabajo o lo que sea. De algo puedes estar completamente seguro, y eso es que todos te-nemos algo especial, un don que nos hace úni-cos, aunque se oiga muy trillado.

Tu *swing* puede ser cualquier cosa que ames hacer. No importa lo tonto o estúpido que parezca para los demás, lo importante es que a ti te haga sentir feliz; pero desgraciadamente la sociedad nos ha hecho creer que tiene que ser valioso para los demás, no para ti. Ahora bien, puede ser que lo que ahora supones ser tu don te haga sentir bien y feliz, no obstante, si por algún motivo llegaras a encontrar el que es el auténtico, no temas en cambiar; también puede parecer que el verdadero es el que acabas de encontrar, aunque no lo sea; por lo que de igual forma, que no te dé miedo regresar a donde estabas, porque igualmente, también ésa es una manera de empezar.

Un ejemplo claro podría ser Michael Jordan. Él era el más grande cuando se fue a probar en el béisbol; todos sabemos que no resultó tan bueno en eso, algunos dirían que hasta era mediocre, entonces decidió regresar al básquetbol; pero hay una valiosa lección en esto, tanto para él como para el mundo entero, y es: "todos podemos fracasar en algo, lo importante es haberlo Intentado"

Malas costumbres

Las malas costumbres son como el cáncer en la actitud; en cada uno de nosotros, y al mismo tiempo, son las que nos envenenan para no avanzar. Así que como todos los cánceres, debemos extirparlas de nuestras vidas, concentrarnos en la quimio para eliminarlas definitivamente.

Quejas

Esta actitud es la más recurrente de todas en las que podemos incurrir y también a la que estamos más acostumbrados; pero no hay nada más equivocado que caer en ese juego. Sé que es una de las costumbres más difíciles de dejar y de las más fáciles para recaer.

Sí lo consideras un momento, ¿en qué te ayuda quejarte? A veces, pero sólo a veces, te ayuda a desahogarte, y rara vez a solucionar las cosas, por lo que sólo en estas ocasiones las quejas pueden ser útiles. Sin embargo, una vez lograda la solución hay que desecharlas y no dejarlas crecer, ya que cuando te la pasas quejándote, por la ley de la atracción comienzas a recibir una y otra vez más de lo mismo, como un imán. Por eso, aunque no lo quieras, a lo que más te resistas será lo que más persista, y aunque es duro aceptarlo, la vida te enseñará que entre más te quejes las cosas te saldrán peor, si es que no lo están ya.

Es una de las malas costumbres de las que es más difícil desapegarse porque siempre habrá algo que no te salga como quieres, en el momento que quieres y como tú lo quieres, por lo que siempre tendrás el pretexto perfecto para convencerte de que la culpa es de la vida, de las circunstancias o de los demás, cuando no logras cumplir tus sueños; pero, ¿por qué mejor no intentamos tomar la responsabilidad de nosotros mismos y de nuestras acciones, y con ello las riendas de nuestro destino, y llegar a la meta de nuestros sueños?

Desapego

En más de una ocasión hemos escuchado que venimos a este mundo aprender el desapego de las cosas, de las personas, de ciertos hechos de nuestras vidas, etc.

Para algunos desapegarse es renunciar, y es por eso que no se permiten deshacerse de ciertas situaciones, costumbres o cosas; no obstante, eso es un error, ya que desapegarte no es renunciar, sino limpiarte de una situación que, en sí misma, te está haciendo más daño que si la dejas ir y por fin avanzas hacia lo que te está esperando. Recuerda que siempre que se cierra una puerta se abre otra, o por lo menos una ventana. Es por eso que no debes quedarte mirando hacia lo que ya perdiste ni apegarte a ello, que ya dejó de ser, y que aunque volviera, jamás, pero jamás volvería a ser lo mismo y sólo te haría aún más daño. Haz como las banditas, quítatelas de jalón y te dolerá menos, o por menos tiempo.

Puedes tomarte un tiempo para quejarte, quejarte y quejarte antes de desapegarte de algo;

pero sólo como una forma de desahogo y nada más, ya que como dije antes, debes utilizar incluso las cosas malas a tu favor y no en tu contra; pero de igual forma, tampoco te la pases haciéndolo todo el tiempo ya que puedes caer en la misma negatividad de la que estás tratando de librarte.

Desidia

¡Ah!, uno de los favoritos de muchos. Hay veces que necesitas tomarte un respiro, incluso de las cosas que más amas; pero como todo, no puedes pasártela todo el tiempo dejando las cosas para después ya que le estarás diciendo a tu poder divino —o a cualesquiera que sean tus creencias—, que no estás preparado para recibir lo que deseas, quieres o sueñas, y que sólo lo estarás en un futuro... que nunca llegará porque siempre estará en un mañana que jamás alcanzarás. Recuerda que no hay mejor momento que el ahora para comenzar a perseguir tus sueños, e incluso para empezar a hacerlos realidad, así que anda, sal y haz lo que tengas que hacer para conseguirlos.

No digo que nunca debas tomarte un momento, pero sólo un momento, para considerar o reconsiderar el siguiente paso; sin embargo, no dejes las cosas para después una y otra vez. No seas de los que dicen: "no dejes para mañana, lo que puedas hacer pasado mañana". La cuestión es sólo tomarse un respiro para ver las cosas desde otra perspectiva, o como algunos lo dirían, un segundo aire.

Excusas

Entre todas las malas actitudes que uno puede tener, ésta es la peor y de la que no puedes sacar nada bueno. Las excusas son el peor veneno que puedes tomar, ya que no sólo te corrompen sino que te convencen de que no puedes lograr o merecer lo que deseas, quieres y sueñas; así que recuerda que, si quieres algo, sólo ve y haz que suceda; lo peor que te puede pasar es que se haga realidad.

Las excusas son para la gente débil y sin visión, aquellos que tratan de convencer al mundo e incluso a ellos mismos de que no son responsables de lo malo que les sucede, o del porqué no lograron algo que ellos creen merecerse, o de que merecen las cosas ya sea que con su esfuerzo se las hayan ganado o no. Éstas también son para aquellos que no pueden hacerse responsables de sus actos o de sus errores. Siempre habrá un momento en que utilices una, y sin importar el porqué, será sólo para justificarte ante los demás; pero tú siempre sabrás la verdad de lo que realmente es. Podrás engañar a la gente, pero nunca a ti mismo.

No recibas la basura de nadie

Mucha gente, si no es que la mayoría, alguna vez ha desquitado sus frustraciones en los demás por la razón que sea: "no importa quién me la hizo sino quién me la pague". Pero al igual que todo en esta vida, se nos regresa y recibimos de vuelta aquello que no queremos y que nos hace sentir mal. Por eso, si alguien trata de tirarte su basura, políticamente hazte un lado y no la recibas. Lo que trato de decir con esto es que, si alguien está enojado y comienza a gritarte, con voz suave pero firme hazle ver que está equivocado si espera que recibas su basura.

Por ejemplo: vas por la calle y un carro casi te atropella o casi golpea tu vehículo, y lo primero que hace el conductor es lanzarte una serie de insultos; lo mejor que puedes hacer es, con una sonrisa, ya sea cederle el paso o desearle un buen día; de esa forma tú no estás recibiendo su "mala vibra" y podrás continuar con tu día de la manera en que tú quieres que sea y no como los demás pretender dictar que te suceda.

Las malas costumbres

Se aprenden más fácilmente

que las buenas

Actitudes positivas y valores

Las actitudes positivas son las herramientas a las que debes acudir, e incluso adoptar como una forma o estilo de vida, ya que son las que te darán todo lo que quieres, deseas y sueñas.

Al principio será algo difícil, y más si no estás acostumbrado, pero con práctica, poco a poco verás los resultados positivos que éstas traen y te preguntarás cómo antes pudiste vivir sin hacerlo así.

Gratitud

Todos pensamos que somos agradecidos... y tal vez sea cierto. Nos educaron para dar las gracias cuando alguien es amable con nosotros o nos da algo, por insignificante que sea, y eso es bueno; pero... ¿a cuántos de nosotros nos enseñaron desde niños a ser agradecidos por lo que tenemos? Algunas veces, cuando tratan de ''inculcárnoslo'', lo hacen como imposición, según para que te des cuenta de que no es el fin del mundo porque no te hayan dado lo que querías por X o Y razón, y te dicen que hay personas que no tienen ni siquiera para comer, vestirse o cobijarse de las inclemencias del tiempo, y eso no es bueno.

Así que como todo lo malo, incluso todo lo bueno pero mal aplicado trabajará en nuestra contra, por lo que debemos hacer los cambios correspondientes. Es cierto que a veces es difícil agradecer algo cuando todo a nuestro alrededor va mal o no es como queremos, y nos sentimos cansados y hartos de todo y de todos; pero aun así debes empezar agradecer por cualquier cosa, ya sea porque no te duele tanto la muela como la noche anterior o porque tienes que ver a la mujer pedante que atiende en tu cafetería favorita o incluso por tener que soportar los berrinches y cambios de opinión de tu jefe. El secreto está en agradecer por las cosas malas, por el fin positivo que vas a obtener al hacerlo.

Agradecer porque algo te duele menos te quita un peso de encima, también el ver a la tipa que no te agrada con tal de disfrutar tu café predilecto, o soportar los berrinches de tu jefe porque aún tienes empleo. Como ves, de casi todo se puede sacar algo bueno.

Poco a poco irás descubriendo que agradecer, incluso por las cosas malas, te ayudará atraer cosas buenas; sólo debes empezar hacerlo, aunque al principio sea sin convicción, pues pronto comenzarás hacerlo con intención. Si te concentras más en las cosas buenas que ya tienes y en las que obtienes que te hacen sentir bien, las que no te agradan cambiarán y serán cada vez menos e incluso desaparecerán.

Humildad

No se debe confundir ser humilde con ser sumiso. La humildad es una de las más grandes actitudes, al igual que la gratitud.

Humildad no se refiere a que tengas que vivir apenas en una casa en la que si llega el lobo y le sopla, adiós techo; tampoco se refiere a que tengas que divorciarte de los lujos para demostrarle a la sociedad que eres humilde. Ser humilde es tener lo que necesitas para ser feliz y apreciarlo en todas las formas posibles, es no creer que lo que tienes te hace importante o que sólo tú puedas lograr lo que los demás sueñan con hacer o tener.

Ser humilde es realmente tenderle la mano a alguien sin esperar que te retribuyan, es tratar a la gente como quieres que te trate sin importar si ésta tiene o no las mismas cosas materiales que tú. La humildad te dará la mayor riqueza del mundo.

Para mí el ejemplo del hombre humilde más rico del mundo es Tenzin Gyatso.

Respeto

Trata a los demás como quieres que te traten. Muchas personas creen que si te hablan de usted significa que te respetan, sin embargo la mayoría de las veces es todo lo contrario; e igual, si te hablan de tú no es porque no te respeten.

Todos sabemos que el respeto se gana, no se merece; sin embargo, debemos mostrar respeto a las personas porque no puedes recibir lo que no estás dispuesto a dar, y ésta es una cosa que debes dar para recibirla a cambio.

Desgraciadamente hoy en día, y más en las redes sociales, es uno de los valores que se ha perdido, y después nos preguntamos por qué este mundo se está yendo al carajo. Es muy triste ver que éste, al igual que la lealtad, que son valores que deben ser bilaterales, poco a poco se está muriendo, o más bien lo estamos matando.

Ahora bien, tampoco debes perder el respeto por ti mismo y serte desleal tan sólo para cumplir tu sueño de una forma más sencilla, ya que aunque llegues a obtenerlo, éste no durará, porque aunque a veces es bueno tomar atajos, no puedes hacerlo a costillas de otras personas o de tus creencias.

Libre albedrío

El libre albedrío es uno de los dones más hermosos que la humanidad ha recibido. Tú eres libre de hacer, pensar y decir lo que quieras, pero eso no significa que puedas hacer o decir lo que quieras con tal de lastimar a la gente. Si le haces algún daño a alguien o insultas a las personas sólo por hacer uso de tu libre albedrío, lo más seguro es que ellos también hagan uso del suyo, y puede que salgas perdiendo. Siempre hay una forma inteligente de hacer o decir las cosas, así que recuerda: "tus derechos terminan en donde el de los de los demás empiezan".

Usa tu libre albedrío para ser creativo, para expresar tus ideas de la manera más clara que puedas sin imponer tu punto de vista. Deja que los demás se expresen de la misma forma y no permitas que te fuercen a que pienses o hagas lo que ellos quieran, aunque a veces puede ser que te iluminen para avanzar en la dirección correcta. Es de sabios cambiar de opinión, pero una cosa es cambiar de opinión y otra muy diferente ser voluble según las circunstancias. "¡No cambies de opinión como de ropa interior!"

Constancia y disciplina

En cualquier cosa que emprendamos lo más importante de todo es ser constante; de nada sirve que empieces algo que no vas a seguir. Entonces, lo primero que debes hacer es cambiar esa actitud de media desidia por compromiso o constancia total. Por ejemplo, si un atleta no entrena todos los días su cuerpo no tendrá el mismo rendimiento que el de quien sí lo hace, aunque tenga todo el talento del mundo. ¿Por qué crees que tantas grandes promesas del deporte se pierden al poco tiempo? Aunque el talento es importante, no es suficiente si no hay constancia y disciplina.

Uno también debe ser disciplinado, ya que aunque entrenes todos los días, si no lo haces de la manera correcta será igual que hacer las cosas a medias; sólo obtendrás resultados a medias. Si no sabes cómo hacerlo de la manera correcta, acércate a alguien que pueda instruirte o investiga todo lo que necesites saber para poder lograrlo.

Los más grandes se han apegado a una fuerte disciplina y constancia para llegar a dónde lo hicieron; jamás los verás haciendo las cosas a medias y sin compromiso; así que si lo que quieres es que todo te caiga solito del cielo, pues mejor prepárate para esperarlo sentado, ya que si no haces nada por ayudarte, Dios tampoco se preocupará por hacerlo.

Intención

La intención es muy importante, ya que muchas veces uno obra con mala intención, o poniéndolo de otra forma, con la intención de hacer daño; si tu intención es buena o es mala, vas a recibir lo que estás manifestando. Todo lo que hagas con mala intención se te regresará por triplicado, y lo que hagas con buena intención se te regresará también aumentado, así que, ¿qué prefieres?, ¿recibir lo bueno por triplicado, o no?

Aceptación

Hoy en día es la cualidad que ha sido más desvalorada. Todos queremos que nos acepten como somos, pero no estamos dispuestos a aceptar a los demás como son, y desgraciadamente eso es lo que más frecuentemente nos causa conflictos, nos frustra y nos hace caer en un círculo vicioso.

Si alguien no te acepta como eres, no es digno de ti; pero de igual forma tú no serás digno de esa persona si no la aceptas como es; así que lo mejor es aceptar que hay veces que no puedes cambiar a las personas ni las circunstancias, por lo que no te aferres a esas situaciones. Aceptar que ésa no es la forma más correcta también es una victoria, porque antes de aferrarte a algo que no debe ser así, puedes, como en todo, buscar una forma más viable de hacerlo bien.

Aceptación es tomar las cosas como son sin querer cambiarlas, aunque no nos gusten. Debes estar consciente de que hacerlo no te va a causar males, y a pesar de que no te agrade, aceptar lidiar con ello.

Vive según el ejemplo

Vivir según el ejemplo es ser coherente entre tus acciones y tus palabras. La mayoría de la gente se la pasa diciendo una cosa y haciendo todo lo contrario. No puedes exigir, o siquiera pedir algo, que no estás dispuesto a dar.

Es bien sabido que ésta es una de las condiciones más difíciles de cumplir, pero es de las más honestas cuando de atraer cosas buenas se trata. Siempre habrá gente que diga una cosa y haga lo contrario, es por eso que hablar con las acciones en vez de con palabras es más valioso que todos los discursos que en toda tu vida puedas dar.

Siempre, en todo lo que hagas, sé honesto. Aunque puedas herir a alguien, lo mejor es que le digas la verdad como es. Pero no me malentiendas y creas que ser honesto significa que debas ser cruel.

Sueños

Uno de los trabajos más importantes que debemos hacer como humanos es definir cuáles son nuestros sueños. No importa si son chicos, medianos, grandes o enormes, sean cuales sean tus sueños, sólo eres tú quien debe definirlos.

Hace unos meses en mi Facebook publiqué algo acerca de los sueños... imposibles...

¿Por qué la gente o incluso algunos de tus conocidos o amigos te dicen "sé más realista con tus sueños?" O sea, ¿cómo? ¿También en los sueños se debe tener limitantes? Entonces, ¿para qué sirve soñar? Si Julio Verne hubiera tenido limitantes en sus sueños no se habría llegado al espacio. Sí Graham Bell no hubiese soñado con comunicarse con alguien a larga distancia en segundos, no tendríamos ahora celulares. Sí John Atanasoff no hubiera soñado con una computadora, ahora no tendríamos tabletas...

Todos estos sueños en algún momento fueron considerados imposibles y ahora son una realidad, así que no te limites a soñar con cosas "alcanzables", pues eso lo hace cualquiera; tú enfócate en soñar con lo que quieras aunque parezca imposible, pues son tus sueños, no los de los demás; y no te frustres si éstos no se cumplen a la primera. Recuerda que Thomas Alva Edison falló más de mil veces antes de ver su sueño realizado, que es el foco.

Siempre habrá quienes quieran menospreciar tus sueños porque tengan miedo de que, si no lo hacen, tú podrás conseguir algo que ellos no. Es por ello que te dicen que seas realista; pero ser realista no quiere decir que seas mediocre.

Tal vez tu sueño sea ser el primer deportista en ganar un Super Bowl, una Serie Mundial y una final de NBA. Deon Sanders ganó dos de los tres, y tal vez habría ganado los tres si alguna vez hubiese jugado en la NBA. O podrías ser el primero en ganar los cuatro Majors de golf en el mismo año. El único que ha estado cerca de lograrlo es Tiger Woods, quien ganó el Grand Slam pero no en el mismo año. Tres en un año y el otro en el siguiente, de manera consecutiva.

No sé… Tú sueño podría ser por fin lograr hacer una máquina del tiempo con un DeLorean, y no para la película *Volver al futuro*. ¿Qué tal ser quien encuentre cómo curar cualquier, pero cualquier enfermedad, con una pastillita? O quien descubra cómo dotar de conciencia a las máquinas, e igualmente, no para una película.

¿No te gustaría poder realizar cualquiera de estos sueños "imposibles"?

Pero de igual forma, ¿qué hay de malo con cumplir los sueños comunes? Nada. Yo creo que puede ser igual de difícil tratar de realizar un sueño simple que uno imposible. Digamos que tu sueño es ser el mejor cantante de ópera que jamás haya existido, pero tu voz es como la de Alvin y ya pasaste de los 20 años... No digo que no puedas lograrlo, sólo que te va a ser igual de difícil que si quieres ser bailarín de ballet y tienes dos pies izquierdos; puedes llegar a lograrlo, sólo que vas a necesitar más disciplina y perseverancia que cualquier otra cosa o que cualquier otra persona en el mundo.

Yo creo que el problema en sí no es que el sueño sea posible o no, sino el hecho de que te aferres a un sueño que no es tuyo; es decir, que no tiene nada que ver con tu auténtico *swing*. Es por esto que debes definir, de acuerdo con tu don o talento, qué es lo que realmente sueñas. Yo creo que de esa forma podrás ser feliz más fácilmente y lograr tu sueño;

pero de igual forma, si no tiene nada que ver con éste, ¡ve por él!

Sólo hay unos requisitos que debes cumplir para hacer realidad tus sueños, y éstos son: definirlos, visualizarlos, actuar en consecuencia de ellos, pero sobre todo, no desistir porque no puedas ver cómo será que se realizarán.

Si los defines, no divagarás entre si hago esto o no, mejor esto otro, porque el otro no termina de convencerme... o mejor si me dedico a esto, o aquello... Lo que sea que sueñes, defínelo y ya. ¿Quieres hamburguesa, tacos o pozole? Pozole. Bueno, ¡pues pozole será!

Visualízalos. Imagínate el plato pozolero copeteado casi al ras de caldo con muchos granos de maíz, trozos no muy grandes de carne, la lechuga cortada delgada en tiras no muy largas, la cebolla cortada en finos pedacitos al igual que el rábano, con el orégano muy esparcido e igual, en pequeñísimos pedazos, y el vaho del plato aromatizando todo el cuarto.

A un lado de tu plato un tazón con limones muy jugosos, entre verde y amarillo, así como un frasco con chile piquín para complementarlo. Una bandeja con muchas tostadas, frescas y muy crujientes... Si te concentraste en esta escena puede que te haya pasado una de dos cosas, si no es que las dos; ya sea que se te haya antojado o que hasta pudiste sentir que lo tenías enfrente y que te llegó el olor del pozole tal como lo prepara tu mamá, suegra, tía o quien quiera que lo haga.

Lo mismo es para cualquiera de los sueños que elijas. Visualízalos como si ya lo estuvieses logrando, teniendo y viviendo.

Actuar en consecuencia es como dije. Si quieres un pozole, no puedes salir a comprar Bimbollos, mostaza, mayonesa, cátsup, queso, tocino y pepinillos, y esperar que con esos ingredientes puedas hacer un pozole.

Ahora bien, tampoco puedes hacer lo que dice el dicho: "sales a buscar trabajo rogándole a Dios no encontrarlo". Si ya definiste y visualizaste que quieres un pozole, tienes que criar un cerdo y sembrar los ingredientes como son el maíz, la lechuga, la cebolla, el rábano, los limones y el orégano; y si por alguna sequía o inundación se pierde tu sembradío, esto no quiere decir que no puedas volver a intentarlo, por lo que debes retomar el camino de la siembra pues tarde o temprano cosecharás y tendrás lo necesario para preparar tu pozole. Así que, pase lo que pase, no desistas.

Según tu sueño y su tamaño puede ser que tarde más o que tarde menos, pero tienes que estar seguro de que si haces todo como debes, éste o éstos se realizaran tarde o temprano. Si tu sueño es muy grande puedes dividirlo en etapas, así se te hará más sencillo llegar a cumplirlo; pero debes tener bien clara cuál es la meta para que no pierdas de vista tu objetivo y lo hagas realidad.

Habrá ocasiones también en las que la vida, las personas y las circunstancias traten de robarte tu o tus sueños, así que muchas veces tendrás que hacer oídos sordos, porque sólo importa lo que tú creas o lo que tú quieras. Recuerda que tu sueño debe ser para ti, no para que hagas mal a los demás.

Rodéate de líderes

Un líder no busca seguidores, forma más líderes... Es por eso que uno debe rodearse de gente que quiera estar a la cabeza, de los que te impulsen a mejorar día con día, de los que en las malas saquen lo mejor de ti y en las buenas te dejen ser libre para cometer tus propios errores. Los que cuando te equivoques no se la pasen gritándote tan sólo para ponerte en evidencia con los demás, sino que te expliquen tranquilamente cómo mejorar para no volver a cometer el mismo error. Un líder no se pavonea por los logros obtenidos en equipo, adjudicándoselos para él mismo.

Ahora bien, no hay nada de malo en ser un seguidor mientras aprendes; pero de igual forma en algún momento tienes que tomar las riendas de tu destino, pues si no, ¿cómo es que vas a lograr tus objetivos?

Ser un seguidor puede establecerte en una zona de confort en la que política y religiosamente sólo te encargues de hacer lo que te digan y no lo que quieras. Puede ser que para algunas personas ésa sea la felicidad que estén buscando, ya que así no se complican la vida y se la pasan relajados y sin problemas, y si ése es tu caso, está bien, no hay nada de malo en ello; sólo no te cuestiones el porqué de que no te pasen más cosas buenas en la vida, o por qué en cierto momento las cosas empeoraron.

Siempre de los siempres habrá alguien de quien puedas aprender algo, y tu deber es de igual forma enseñar lo que aprendiste, ya que hasta el maestro puede aprender algo de su discípulo.

Mientras aprendes y tu posición sea la de un seguidor, cuando veas que alguien va a cometer un error no te quedes callado, o si ves que tu líder ha cometido una equivocación, tú no tienes que seguirlo; hay cosas que por sentido común no deben hacerse. Desgraciadamente no solemos tomarnos unos segundos para pensar y es por eso que muchos prefieren ser seguidores que líderes.

También debes estar consciente que si algo le funcionó a alguien, no significa que te funcionará a ti también, o al revés, no porque no le resultó a otra persona esto implica que tú no lograrás un desenlace positivo; algunos le llamarán suerte, otros tener visión y otros más experiencia, pero sea como sea, la cuestión es intentar primero de la forma en que nos lo enseñan y después ir moldeándolo para que se convierta en parte de nosotros.

El rodearte de gente positiva también te ayuda a eliminar tus malas costumbres y de esa forma también te motiva a continuar hacia tus metas. Muchas veces uno piensa: "yo puedo solo", y puede que sea cierto, pero no hay nada mejor que recibir apoyo, ya que eso también nos facilita el llegar más rápido a nuestros sueños y no quedarnos en el camino. Tu sueño no se desmeritará tan sólo porque recibiste ayuda.

Ahora, no se trata de que te unas al Club de los Optimistas Ciegos… porque como en todo, cualquier forma de fanatismo, más que ayudarte, puede llegar a envenenarte. Todo en exceso puede ser dañino.

En el camino puedes encontrarte con personas que sean líderes, pero que no lo sean en el sentido sano, ya que a éstos lo único que les preocupa es ver en qué y cuándo te equivocas para ver cómo pueden solucionar las cosas. Para mí eso no es ser líder, pero desgraciadamente en esta vida la mayoría de las personas que están al mando en ciertos puestos en los lugares que trabajamos sólo se dedican a eso, y cuando ellos fallan la culpa es tuya o de quién sea, menos de ellos; así que debemos identificarlos, y como dije antes, si hay algo bueno que puedas aprender de ellos, apréndelo; el resto, deséchalo.

Otra cosa que también es muy importante es tomar responsabilidad de nuestros errores, por la razón que sea. Si cometiste un error al haber escuchado a alguien, o porque tú creíste que eso era lo mejor y no lo era, sea una responsabilidad compartida o no, debes hacerte responsable. Sé que es difícil aceptar que te equivocaste, pero de igual forma se aprende y también te ayuda a enfocarte en lo que realmente importa y en cómo debes proceder la siguiente vez.

No siempre encontrarás a alguien que esté dispuesto a enseñarte o a tenderte la mano, pero tú sigue a los grandes y algún día serás mejor que ellos.

Estrategia

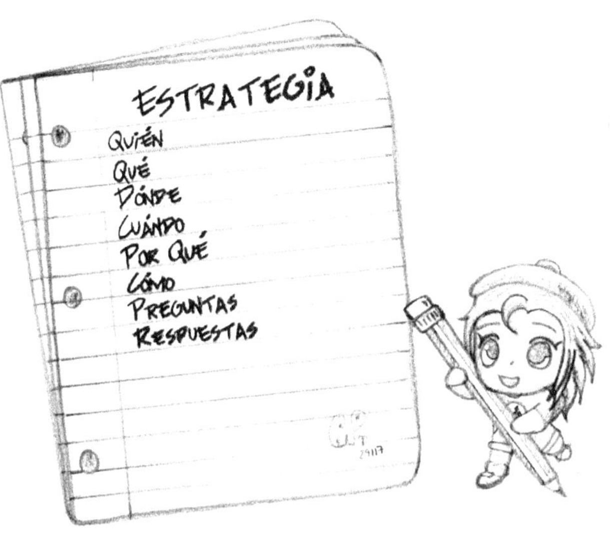

Hasta ahora hemos estado hablando de las bases que componen nuestra receta para lograr cumplir ese deseo que pedimos al principio; bueno, pues ahora hablemos de cómo podemos llegar a realizarlo.

Algo que es bien importante remarcar antes de continuar es que no importa cuántos libros, cursos, videos y demás cosas hayas leído, estudiado o visto, nada te servirá si no aplicas lo aprendido. Si realmente quieres cambiar tu vida, cumplir tus sueños y vivir como deseas hacerlo, lo que tienes que hacer es aplicar todo lo que hayas aprendido. Si tienes que seguir una receta al pie de la letra, hazlo; como dije antes, lo peor que puede pasar es que algo mejore, tal vez no tanto como lo que tú deseas, pero sí algo.

Lo primero que debes hacer es perdonarte y perdonar a los demás, como si estuvieras limpiando tu karma. Si hay personas a las que por cualquier motivo ya no ves, o incluso el tener que verlas conlleva un problema mayor, no importa; escribe una carta a ésa o ésas personas en la que les perdonas todo, e igual ofrece una disculpa por lo que tú también les hayas hecho, y una vez terminada, quémala y siente cómo te vas liberando al ver que se va haciendo cenizas. Todo lo malo que alguna vez fue, ya no lo será más.

Después perdónate por todas las cosas que hiciste y que no debiste o quisiste hacer, ya sea que haya sido consciente o inconscientemente.

Si necesitas escribirlas para después quemarlas, hazlo. La cuestión es que al final sientas cómo te liberas.

Como dije en el capítulo *Sueños*, tienes que definir qué es lo que quieres. Ya sea tener más dinero, obtener un ascenso, cambiar de trabajo, formar tu propio negocio... lo que sea que quieras, necesitas primero definirlo. No tienes que definir cómo lo vas hacer, ése es el trabajo de tu Poder Divino —ya lo dije antes, no importa cuáles sean tus creencias religiosas, tu Poder Divino es el Ser o Poder en el que tú creas—; tu deber es definir lo que deseas y tu "Dios" se encargará de encontrar la manera de que lo obtengas.

Recuerda que puedes pedir TODO lo que tú quieras, sólo te recomiendo que no lo pidas todo al mismo tiempo mientras estés empezando, ya que tu mente y visión se dispersarán entre todos y por lo mismo tal vez tarden más de lo necesario; así que elige uno, en lo que vas agarrando práctica, y poco a poco podrás ir agregando de a dos o más, ya que será una labor más sencilla conforme vayas progresando y viendo que tus deseos se van cumpliendo.

Todos los días por la mañana lo primero que hagas al despertarte debe ser dar gracias por tener la oportunidad de empezar de nuevo; pero hazlo de corazón y con intención, y una gran sonrisa. Después, ya sea antes de tus oraciones o después de ellas, busca al menos cinco razones por las cuales agradecer, e igual hazlo con intención. Tal vez al principio sientas como si fuera una obligación, pero pronto te darás cuenta de que mientras más intención le pongas, las cosas empezarán a mejorar, primero poco a poco y después cada vez más rápido.

Si al principio no sabes exactamente qué agradecer, puedes recurrir a lo más sencillo; agradece porque tengas a tus padres o tus hermanos, a tu familia, esposa, hijos, amigos, empleo, casa; qué sé yo. O puedes hacer una lista de todo lo que quieres agradecer, y si es así, primero agradece lo que sea más importante, ya que de esa forma lograrás desde un principio hacerlo con intención.

La primera semana puedes agradecer dos o tres días seguidos por lo mismo, o incluso toda la semana, hasta que sientas que cuando lo haces lo sientes de verdad, entonces podrás pasar a otras cinco cosas diferentes, y así cada día hacerlo por cinco o más cosas. Termina diciendo "gracias, gracias, gracias. Amén".

Lo siguiente es dedicar al menos cinco minutos a visualizar tu deseo. Ese momento tú lo elegirás. Si no eres tú quien maneja, puedes hacerlo en el transporte de camino a tu trabajo o escuela, o mientras desayunas, te bañas, etc. Como dije, ese momento lo eliges tú.

Tienes que visualizarte viviendo en el resultado. Si es tener un auto, imagínate al volante mientras conduces camino a tu destino. Si es una casa y decides visualizarte mientras te bañas, percíbete bañándote en la casa de tus sueños. No importa cómo sea lo que sueñas, busca lo que necesites para apoyar tu visualización para que te sea más fácil sentir que ya lo estás viviendo.

Supongo que en algún momento de tu vida has oído hablar del "tablero de visualización". Es donde pones recortes, fotografías o imágenes de lo que quieres ver realizado. No tiene que ser un tablero o pizarrón como tal, puedes hacerlo en una cartulina e ir pegando ahí lo que deseas que suceda, o de igual forma puede sólo ser una imagen de lo que quieres que se cumpla; la cuestión es que tú decides qué es lo que quieres y qué necesitas para imaginártelo todos los días. Todo esto es para que, entre más pienses en ello, más rápido se haga realidad.

Recuerda que te mencioné que no importa si tu sueño es chico o grande, lo único que importará es que si es chico tardará menos tiempo y si es grande tardará un poco más. Tienes que estar bien consciente de esto, ya que si por alguna razón no ves los resultados tan pronto como querrías, esto puede llevarte a renunciar cuando ya estés a dos o tres pasos de llegar a la meta, y todo el trabajo que hayas hecho hasta ese momento se irá por la borda, y así sucederá cada vez que lo intentes.

A algunos les será más fácil realizar sus sueños y a otros más difícil, pero como dije, la constancia y la disciplina lo son todo, así que el no ver los resultados de la noche a la mañana no significa que esto no sirva, sólo que sigue en el proceso de convertirse en tu realidad.

Durante el transcurso del día, a cada rato y por lo que sea, di "gracias". No tiene que ser para darle las gracias a alguien en específico, sólo dilo. ¿No te ha pasado que hay días que el café sabe como que más rico que otros días?, ¿o que algo que probaste te hizo sentir bien?, o qué se yo; agradece por esos pequeños favores que enriquecieron tu momento presente, así que por cualquier cosa, aunque sea por nada, di gracias con intención, y si lo puedes decir tres veces seguidas, mejor aún, así que ¡gracias!

Por último, todos los días, ya sea antes de decir tus oraciones o después, haz un pequeño recuento de lo que fue tu día y da gracias por las cosas que te sucedieron. Lo que sea, aunque sea por una sola cosa. Puede ser que unos días te parezca que haya habido más cosas buenas que en otros, así que, como sea lo que te haya pasado, tú agradece por lo bueno que te sucedió y piensa que al día siguiente tendrás más bendiciones. No olvides decir gracias tres veces, y al terminar Amén.

Ahora, hay un secreto para ver que vas por buen camino y que te ayudará a no desistir. Es elegir tu "símbolo secreto". ¿Y cómo es eso? Como todo lo que estás haciendo lo estás haciendo con intención de la buena y con verdadera pasión y amor, pídele a tu Poder Divino que te dé una señal de que vas por buen camino, y esto se te revelará de acuerdo a tu símbolo secreto. Obviamente lo primero que debes hacer es definir —como lo hiciste con tus deseos— cuál será tu símbolo secreto, y revélaselo a tu Poder Divino; así él al igual que tú sabrán cuál señal en específico es la que tienes que recibir.

Puede ser cualquier cosa, pero tiene que ser algo que tú en verdad ames. Puedes usar como tu símbolo secreto estrellas, oro, plata, cualquier color, animales, aves, árboles, la flor que te gusta, palabras, combinaciones de números, sonidos o lo que sea que quieras. La cuestión aquí es que debes estar abierto a que lo verás en el momento que lo necesites o cuando lo pidas, pero lo harás sin buscarlo; de esta forma sabrás que la señal es correcta y no tendrás la menor duda de que se trata de la señal que estás pidiendo.

Muchas veces te sentirás muy feliz y apenas pensando en tus sueños, y como por arte de magia verás tu símbolo secreto, por lo que puedes también estar seguro de que éste se realizará incluso más pronto de lo que pensabas, la cuestión es que el verlo cerca no implica que dejes de hacer lo que estás haciendo. Nunca, pero nunca, renuncies antes de llegar a la meta, pues al hacerlo le estarás diciendo a tu Poder Divino que no estás listo o que no vale la pena llegar al final, y tus sueños no se realizarán.

Sé que es muy difícil estar optimista todos los días, con la sonrisa en la boca y pensando en que todo es miel sobre hojuelas, pero eso no significa que debas desistir de lo que hayas logrado hasta ese momento. Puedes darte un tiempo para dejar salir la tristeza, el enojo, la frustración o lo que sea que no tenga que ver con estar en sintonía con tus sueños y metas, pero no debes abandonarte en estos sentimientos y dejar que lo que hayas conseguido hasta ese momento se vaya por la borda.

Siempre habrá gente que te quiera hacer desistir de tus sueños, es por ello que te decía que te rodees de gente positiva y de líderes; sin embargo, lo más importante es que no escuches a los que te digan que no puedes, que estás mal o que no vale la pena; incluso habrá gente que te odiará sin razón porque ve en ti lo que quisiera ver en ella misma, y es por eso que te atacan; pero no interesa, tú continúa con tus sueños y lo demás no importará. Incluso puedes dar gracias por tener a esa persona en tu vida, o agradecer que te haya dejado en paz.

Frases de aliento

Las frases de aliento siempre son importantes, y no sólo tenerlas en cuenta, sino para que nos ayuden a continuar aun cuando las cosas no estén saliendo como queremos, por lo que aquí te voy a dejar algunas para que elijas las que más te gusten y sientas que puedan llegar a inspirarte para seguir adelante.

No es necesario que tomes la frase tal cual como la dijeron, puedes hacer una combinación de una o más que te ayude a inspirarte. Recuerda que lo más importante es que tú te sientas bien con lo que estés haciendo y que lo estés haciendo con intención y amor, para que todo lo que llegue a ti sea bueno y aún mejor de lo que lo estés deseando.

Frases

"He fallado una y otra vez en mi vida, por eso he conseguido el éxito." — Michael Jordan.

"Dios le dio el talento, él puso el resto." — Valentino Rossi.

"Miré a mi alrededor y no encontré el auto de mis sueños... por lo que decidí construirlo yo mismo." — Ferdinand Porsche.

"Si buscas resultados distintos, no hagas siempre lo mismo." — Albert Einstein.

"Gánate el respeto de los demás teniendo la osadía de ser tú mismo." — Dr. House.

"Aquellos que están tan locos como para pensar que pueden cambiar al mundo son aquellos que lo hacen." — Steve Jobs.

"Sólo aquellos que se atreven a tener grandes fracasos terminan consiguiendo grandes éxitos." — Will Smith.

"A cada paso creamos nuestro propio universo." — Winston Churchill.

"Hay que seguir el instinto propio y tener el coraje de seguir adelante con lo que piensa uno con su propia cabeza." — Valentino Rossi.

"Los errores son siempre perdonables si se tiene el coraje de admitirlos." — Bruce Lee.

"No hay que apagar la luz del otro para lograr que brille la nuestra." — Gandhi.

"El genio se hace con 1% de talento y 99% de trabajo." — Albert Einstein.

"En el peor de los casos, si usted fracasa habrá conseguido capacitarse para sus esfuerzos futuros." — Tiger Woods.

"El fracaso es una gran oportunidad para empezar otra vez con más inteligencia." — Henry Ford.

"Algunas personas quieren que algo ocurra, otras sueñan con que pasará, unas cuantas hacen que suceda." — Michael Jordan.

"Si crees que eres el mejor, ya no puedes mejorar. Si quieres ser el mejor siempre debes hacerlo." — Valentino Rossi.

"Sí nadie te odia es que algo estás haciendo mal." — Dr. House.

"1.- Nunca darse por vencido."
"2.- Nunca aparentar."
"3.- Nunca mantenerse inmóvil."
"4.- Nunca aferrarse al pasado."

"5.- Nunca dejar de soñar." — Los cinco nuncas de Steve Jobs.

"No puedes elegir el modo de perder, pero sí puedes elegir cómo recuperarte para ganar la próxima vez." — Pat Riley.

"La diferencia entre una persona exitosa y otros no es la falta de fuerza o la falta de conocimiento sino la falta de voluntad." — Vince Lombardi.

"Si te llaman loco por seguir tus sueños demuéstrales que lo tuyo no tiene cura." — Via Niall Labour.

"Nunca digas nunca, porque los límites, como los miedos, son usualmente ilusiones." — Michael Jordan.

"Hay una fuerza motriz más poderosa que el vapor y la electricidad; la voluntad." — Albert Einstein.

"Al diablo con las circunstancias, yo creo oportunidades." — Bruce Lee.

"El éxito consiste en obtener lo que se desea. La felicidad es disfrutar lo que se obtiene." — Ralph Waldo Emerson.

"Si el camino es difícil es porque vas en la dirección correcta."

"Aquellos que creen en la magia están destinamos a encontrarla."

"Lo imposible sólo tarda un poco más."

"No te preocupes por lo que la gente piensa, no lo hace muy a menudo." — Dr. House.

"El trabajo duro, la concentración y la dedicación no te garantizan nada, pero sin ellos no tienes ninguna posibilidad." — Pat Riley.

"El éxito es la suma de los pequeños esfuerzos repetidos día tras día." — Anónimo.

"Tus pensamientos actuales están creando tu vida futura. Aquello en lo que más piensas o te enfocas es lo que se manifestará en tu vida."

"No pidas por una vida fácil, pide por la fuerza para soportar una difícil." — Bruce Lee.

"La confianza en uno mismo es el primer secreto del éxito." — Ralph Waldo Emerson.

"El tiempo lo cambia todo; eso es lo que la gente dice, pero no es verdad. Hacer cosas cambia las cosas. No hacer nada deja las cosas exactamente como están." — Dr. House.

"El que quiere hacer algo conseguirá un medio, el que no, una excusa." — Stephen Dolley.

"El éxito en la vida no se mide por lo que logras sino por los obstáculos que superas."

"Si tienes un sueño debes cuidarlo. Cuando la gente no puede hacer algo te dice que tú tampoco puedes. Si quieres algo, ve por ello. ¡Punto!"

"Da el primer paso con fe. No tienes que ver toda la escalera, sólo da el primer paso." — Dr. Martin Luther King Jr.

"Ve las cosas que deseas como si ya fueran tuyas. Sé consciente de que vendrán a ti en el momento en que realmente las necesites. Deja que lleguen. No te preocupes por ellas. No pienses en que no las tienes. Piensa que son tuyas como si ya las tuvieras.'' — Robert Collier.

"La práctica diaria de la gratitud es uno de los conductos a través de los cuales te llegará la riqueza.'' — Wallace Wattles.

"Puedes tener lo que desees si sabes moldearlo con tus pensamientos. No hay sueño que no se pueda hacer realidad si aprendes a usar la fuerza creativa que actúa a través de ti. Los métodos que funcionan en una persona, funcionan en todas. La clave del poder reside en usar lo que tienes... libremente, plenamente... y abriendo de ese modo tus canales para recibir más fuerza creativa que fluya a través de ti.'' — Robert Collier.

"El éxito es la habilidad de ir de fracaso en fracaso sin perder el entusiasmo.'' — Winston Churchill.

"La imaginación lo es todo. Es el avance de lo siguiente que atraerá tu vida.'' — Albert Einstein.

"Todo lo que la mente puede concebir se puede lograr." — W. Clement Stone.

"Aquello a lo que te resistes, persiste." — Carl Jung.

"Yo nunca pienso en lo difícil que puede ser un obstáculo, simplemente lo supero." — Vince Lombardi.

"No dejes que los ruidos de las opiniones de los demás acallen tu propia voz interior." —Steve Jobs.

"El 90% del éxito se basa simplemente en insistir." — Woody Allen.

"El valor de una idea radica en el uso de la misma." — Tomas A. Edison.

"Los cobardes mueren muchas veces antes de su verdadera muerte, los valientes prueban la muerte una sola vez." — William Shakespeare.

"Puedo aceptar el fracaso, todo el mundo fracasa en algo; lo que no puedo aceptar es no intentarlo." — Michael Jordan.

"Los que dicen que es imposible… no deberían molestar a los que lo están haciendo." — Albert Einstein.

"Debes siempre luchar por ser el mejor; pero jamás debes pensar que ya lo has logrado." — Juan Manuel Fangio.

"La perfección no es alcanzable, pero si perseguimos la perfección podemos alcanzar la excelencia." — Vince Lombardi.

"El temor es una ilusión." — Michael Jordan.

"A veces se gana, a veces se pierde, pero siempre se aprende." — Mafalda.

"El sabio no se sienta para lamentarse sino que se pone alegremente a su tarea de reparar el daño hecho." — William Shakspeare.

"Si quieres vivir una vida feliz átala a una meta, no a una persona o un objeto." — Albert Einstein.

"Los ganadores nunca abandonan, los que abandonan nunca ganan." — Vince Lombardi.

"Si lloras por haber perdido el sol, las lágrimas no te dejarán ver las estrellas."

"Paso a paso. No concibo ninguna otra manera de lograr las cosas." — Michael Jordan.

"Tanto si crees que puedes hacerlo como si no, en los dos casos tienes razón." — Henry Ford.

"En vez de esto, trabajemos duro. Acabemos de una vez con la única crisis amenazadora, que es la tragedia de no querer luchar por superarla." — Albert Einstein.

"Cuando todo parezca estar en tu contra recuerda que los aviones despegan con el aire en contra, no a favor." — Henry Ford.

"A mí me gustan las personas que dicen lo que piensan, pero por encima de todo, me gustan las personas que hacen lo que dicen." — Mafalda.

"El hombre nunca sabe de lo que es capaz de hacer hasta que lo intenta." — Charles Dickens

"Si tú no estás haciendo lo que amas, estás perdiendo tu tiempo."

"Lucha por ideales, no por calificaciones; así trabajarás por sueños, no por quincenas."

"Abandonar es la salida de los débiles, insistir es la alternativa de los fuertes."

"Deja que la mente se calme y el corazón se abra, entonces todo será muy diferente."

"¿En dónde mueren los sueños? En un lugar llamado miedo."

"Las claves del éxito:
-Humildad.
-Esfuerzo.
-Constancia.
-Superación."

"El éxito va acompañado de la fe que tengas en lograrlo." — Maya Angelou.

Últimas recomendaciones

Algunas personas no creen que los libros de superación personal o de autoayuda sean verídicos o que puedan funcionar, y que sólo son una forma más de tratar de embaucar a la gente ya que no pueden aplicarse directamente a lo que uno está viviendo en sí; pero todo está en la forma en la que tú apliques el conocimiento obtenido, y de eso se trata todo esto.

Muchos de nosotros no creemos que cosas buenas nos puedan pasar porque no vemos cómo es que sucederán, y también porque estamos acostumbrados a que nos pasen más cosas malas que buenas; sin embargo, todo es cuestión de que tengas fe en ti mismo y en que te sucederá todo lo que deseas si trabajas por ello. Es como el chiste: "si quieres ganarte la lotería, al menos debes comprar el boleto".

Para terminar, gracias por leer y comprar este libro y dejarme entrar en tu vida con estas palabras; espero que lo que leíste aquí te sea de gran ayuda y encuentres la felicidad en lo que más deseas. Así que gracias, gracias, gracias.

"Aún hay tiempo para luchar con determinación, abrazar la vida y vivir con pasión. Perder con clase y vencer con osadía. Porque este mundo es para los valientes que no temen pelear por sus sueños."

"Aún hay tiempo para luchar con determinación, abrazar la vida y vivir con pasión. Perder

Impreso en México.
Impresión digital bajo demanda.
1ª edición, febrero de 2017.